JN440498

청계천 탱크
Cheonggyecheon's Tank

Photographs & Poems by Ahn, Mi Kyung **Cheonggyecheon's Tank**

안미경 사진시집

청계천 탱크

도서출판
다인아트

차 례

헌화가(獻花歌)가 떠오릅니다. 수로부인에게 꽃을 바친 노옹처럼 청계천을 위해 사진, 시, 히스토리를 바친 안미경 작가는 시공을 초월한 청계천 철기시대 활약상을 그대로 담아 모두의 가슴에 진한 울림으로 전해지는 담담하면서도 묵직한 필살기를 전합니다.

살아 숨 쉬고 생명을 불어넣은 사진과 미사여구 없는 시는 왜 이곳이 사라지지 않고 그대로 존재해야 하는가에 대한 거부할 수 없는 이유이며 증거입니다.

존재의 의미와 이유 그리고 증거를 모두에게 보여준 '청계천 탱크'

솟아있는 현실의 벽을 넘어 한 땀 한 땀 만들고 채워가는 모습 속에 나도 있고 우리도 있음을 알 수 있습니다. 스스로도 몰랐던 거친 소리와 치열한 우리들의 삶을 고스란히 투영해 내는 작가님의 고군분투에 경의를 표하며 절벽을 타고 올라가 꽃을 바친 노옹의 마음으로 우리들의 꽃을 전해드립니다.

신찬기 (한국산업용재협회 회장, 2016-2017년 청계천 상권수호대책위원장)

안미경의 '청계천 공구거리'

심은록 (전시기획 및 미술비평가)

'에포케'에 가까운 '순수관점'

안미경 작가가 필자에게 처음으로 보낸 메일을 열자, 천진무구한 웃음소리가 먼저 들려왔다. 자신을 소개하는 몇 장의 사진 속에는 초등학교 교실에서 아이들과 안미경 선생님이 환하게 웃고 있었다. 지금까지 필자에게 미술 평을 부탁한 작가들이 포트폴리오만 보내온 것과 달리, 안미경 작가와의 디지털 첫 만남은 인상적이었다. 또 다른 독특함은 그의 유화 이미지와 함께 온 다양한 색깔의 한 다발의 '시'였다. 그의 유화 작업과 시는 초등교사 이미지 그대로였다. 물론, 때로는 깊은 철학과 무거운 이야기도 담겼고, 우주적이며 영원한 것을 다루기도 했지만, 그래도 맑고, 밝고, 아름답게 세상을 보려는 '순수한 관점'이 보였다.

얼마 지나지 않아 그는 유화작품에 이어 사진 작업의 이미지를 필자에게 보내주었고 이에 대한 개인전(2019.10.2.-8. 인사아트센터) 도록글을 요청했다. 놀라운 것은 다른 성격의 두 사람이 작업한 듯, 유화 작업과 사진 작업의 주제나 느낌은 상이했다. 사진을 찍은 장소는 '청계천 공구 거리'가 주 무대였고, 사진 속의 대상은 공구, 도구, 기계, 건축물, 환경, 등 그리고 주요 인물은 이곳에서 일하는 상공인들이었다. 70여 년의 역사를 지닌 서울 청계천·을지로 일대 '공구 거리'가 재개발로 사라질 위기에 놓이자, 안미경은 "청계천 보존"[1]을 위해 앵글을 청계천으로 돌렸다. 그는 "외국에는 산업유산 문화 특구[혹은 '제조산업문화 특구']가 많은데, 한국에는 아직 없기에 청계천이 1호로 정해졌으면 좋겠다"고 했다. 그 이유는 "청계천은 인간과 근현대사가 그대로 녹아있고, 건물 자체가 겹쳐서 녹아있기에 유산도 살리고, 청계천 상공인도 살 수 있기 때문이다"라고 설명한다. 사진을 찍기 위해 작가는 "학교 수업을 마치고 왕복 3시간 30분이 소요되는 거리를 수없이 이동하며 청계천 가게나 공장들이 문 닫기 전까지 30분에서 50분정도 찍었다."고 한다.

앞에서 언급한 것처럼 처음 그의 사진 작업을 볼 때는 그의 유화 작업과 상반될 정도로 다르다고 느꼈다. 하지만, 그의 사진을 계속 보고 있노라면, 유화에서처럼 사진에서도 순수한 어린아이와 같은 관점을 유지하고 있다. 다시 말해서 일종의 '에포케'이다. 순수하고 희망적인 '관점' 역시 일종의 관점이지만, 그나마 정치적 편견과 사회적 선입견이 적다는 의미이다. 사회적이고 정치적인 이

1 이하, 출처가 적히지 않은 인용문은 2019년 5월 5일 안미경 아틀리에에서 있었던 인터뷰에서 인용했다.

슈라고 할지라도, 이를 예술적으로 한 겹, 두 겹 승화시켜 나갈 수 있다면, '기록documentary photography'에서 '예술'로 업그레이드된다. 아주 무거운 정치 사회적 주제를 예술적으로 승화시켰던 제57회 베니스 비엔날레 국가관 황금사자상을 수상한 독일관의 〈파우스트〉는 이러한 의미에서 역사에 남을 수작이었다. 작품성은 독일관보다 훨씬 떨어졌지만, 올해 제58회 베니스 비엔날레 국가관 황금사자상을 수상한 리투아니아관의 〈태양과 바다〉 역시 현대에 가장 예민한 문제인 '지구온난화'를 시적으로 승화시켰다. 현대미술은 작가의 생각을 관람객에게 강요하지 않고, 생각할 여지와 작품 속에 상상 가능한 공간을 제공한다. 작가가 관람객들에게 사상을 주입하는 것이 아니라, 에포케Épochè(괄호치기, 판단중지, 유보) 함으로써, 관람객이 스스로 생각할 수 있는 여지를 준다. 이처럼 이미 고착된 이미지에 공간을 사이사이 끼워둠으로써 미래의 관람객이나 타자와 대화할 수 있는 여지를 열어 놓는다.

'기록'에서 '개념'으로

안미경 작가는 그림 이미지를 보낼 때, 작업과 관련된 시나 에세이도 항상 같이 보내왔다. 그의 첫 번째 전시 도록도, '그림 시집'이었다. '청계천 공구 거리와 그 보존'이라는 구체적이고 명료한 목적을 지닌 사진 작업을 내게 보내주면서도, 설명(시, 글)도 함께 보내주었다. 현대미술 일부에서는 그림 속으로 짧은 글이 다시 들어와 머문다. 한국에서는 대표적으로 이성자가 미셸 뷔토르와의 협업을 통해 "목판화와 시를 접목했다. 마치 목판화에 숭고와 영혼의 씨앗인 '시'를 뿌린 것 같다. 이는 안젤름 키퍼와 매우 유사한 방식이다. 이성자와 안젤름 키퍼의 작품 자체는 아주 다르지만, 이들이 평생 시를 소중히 한 것, 시를 작품에 적극적으로 유치한 것, 우주를 향하고 있는 것이 같다."[2] 세계의 미술 관계자들이 안젤름 키퍼를 인정하는 중요한 이유 중의 하나는 '나치'와 '아우슈비츠'라는 무거운 주제를 시적 작품으로 완전히 승화시키면서도, 역사적 비극이 비수처럼 그대로 관람객을 찌르기 때문이다.

동양에서는 그림과 시를 함께 엮는 '문인화'라는 오랜 전통이 있다.[3] 필자는 안

2 심은록, 『이성자의 미술, 음과 양이 흐르는 은하수』, 경기도 고양시 : 미술문화, 2018, p.237-8.

3 서구에서도 고대 그리스의 도기나 부조 등에서부터 중세의 아이콘, 초기 르네상스의 그림에 이르기까지 글과 그림이 함께했다. 르네상스 중반에 접어들면서 그림과 글이 분리되더니 글이 사라졌다. 현대에는 그래피티를

미경 작가의 사진 작품과 글(시)을 보고 읽으면서, 다른 작가들보다는 소피 칼(Sophie Calle)을 떠올렸다. 26세에 처음 사진 작업을 시작한 소피 칼은 1년 만에 1980년 파리 비엔날레에서 〈잠자는 사람들 Les dormeurs〉로 바로 인정을 받았다. 소피 칼의 작업은 매번 마주칠 때마다 실제 일어난 일인지 허구인지 자문하게 만든다. 그의 바로 이러한 점이 작품의 특징으로 실제 이야기 안에 허구를 삽입하고, 허구에 실제 이야기를 다소 개입시키면서 진실과 허구의 경계를 모호하게 만들고, 관람객으로 하여금 그 경계에서 유희하게 한다. 소피 칼은 서구적인 느낌이 가득한 개인 신화적이고 양의적이며 그녀만의 독특한 개념적 작업을 펼쳐나간다. 비록, 안미경 작가의 사진 작업이 소피 칼과 많이 다르지만, 그에게 한국식 개념 미술을 은근히 기대하게 된다. 그가 다른 작가들과 구별되는 장점 중의 하나는 작품과 글(시)을 항상 함께 다루는 것이다. 그의 유화 작품과 시는 시화전처럼 그림과 시가 따로 따로 있는 것이 바람직하나, '청계천'과 관련된 사진 작업을 개념 미술처럼, 사진과 글이 어우러져 함께 전

통해 다시 그림과 글이 한 화면에 보이거나, 아니면 아예 글씨만 작품이 되는 개념 미술이 등장했다.

시된다면 더욱더 흥미로울 것 같다.

한국 근대의 '철기 문명'

'청계천 철거'에 대한 소식을 접하며 안미경 작가의 사진 제목에서처럼 한국 근대의 고유한 〈철기문화〉가 사라진다는 아쉬움이 들면서, 파리의 '벼룩시장'이 떠올랐다. 시장에서 파는 물건이 지저분하고 오래된 것이 많아서 벼룩이 여기저기서 툭툭 나온다고 하여 생긴 이름이 프랑스의 그 유명한 '벼룩시장'이다. 특히 생투앙 벼룩시장Marché aux puces St-ouen은 치안, 소매치기, 불법 노점 등 여러 가지 복잡한 문제로 웬만하면 너저분한 시장을 싹 밀어버리고, 쇼핑몰, 백화점 혹은 아파트로 바꾸었을 법하다. 하지만, 이런 곳에도 역사와 문화가 있다고 본 프랑스는 이를 보존했고, 이제는 빼놓을 수 없는 관광명소가 되었다. 이와 비슷한 역사와 문화가 담긴 건축물이나 장소를 프랑스에서는 철거하는 대신 오히려 문화시설을 후원하여 더 활성화시키면서 '역사'와 '시간'을 보존한다. 프랑스의 지방 도시도 오래된 재래시장 건물을 그대로 유지하며, 일주일에 두 번씩 장을 열거나 마을의 축제 장소로 사용한다. 파리의 그랑팔레처럼

1년이면 새로지을 수 있는 건축물을, 더욱 비싼 돈과 정성을 들여 10년에 걸쳐 보수하는 프랑스가 오랫동안 관광 1위국을 지켜올 수 있었던 이유가 여기에 있다. 청계천[4]도 600년 역사를 지니고 있으며, 이에 대해 안미경은 다음과 같이 총 4개의 '문화 지층'으로 설명하고 있다.

제1 지층 : 조선전기 수로 물길과 목주열(나무 기둥)

제2 지층 : 임진왜란 전후 한양도성 건축 공정을 수행하던 공방

제3 지층 : 일제 강점기 건물지 흔적

제4 지층 : 6·25 한국 전쟁 이후 폐허가 된 서울을 재건한 한국 산업의 발상지

---

4 1394년 서울(한양)이 조선의 도읍지가 되고, 1412년(태종12) 1월부터 1개월 동안 52,800명의 인부가 투입되어, 자연 상태의 하천을 정비 및 확장하는 개천 공사(開川 냇물을 파냄)를 하고, 이는 청계천을 가리키는 고유명사가 되었다. 서울을 둘러싸고 있는 외수(外水)인 한강은 동에서 서로 흐르고, 반면에 도성 한가운데를 흐르는 생활하천이자 내수(內水)인 청계천은 서에서 동으로 흐른다.
1950년대, 일본인이 경영하던 공장이나 미군 부대에서 흘러나온 기계류들이 나돌며, 이를 팔던 "노점상들이 청계천 공구상가의 효시"가 된다 (서울시립대 서울학연구소, 「청계천 시간·장소·사람). 이곳의 공구상가는 월남전쟁 때 크게 발전하고, 60~70년대 산업화의 모태 역할을 했다.
1958년에서 1977년까지 청계천 본류가 전부 복개되고, 2003년부터 2005년에 현재 상태로 복원되었다.

그리고 이 문화지층을 〈청계천 지층, 청계천, 2019〉에서 재현하고 있다. 청계천은 이곳 상점들의 특성과 지리만 잘 알면 여러 가게에서 부속품을 모아 어떤 제품도 완성할 수 있는 '유기체' 같고, '다품종 소량생산'이 '저렴하게' 가능한 세계에서 찾아보기 어려운 곳이다. 이러한 재료들과 전문 기술자에 가까운 상공인들의 관록 때문에, '청계천에서는 탱크, 잠수함, 인공위성도 만들 수 있다'고 했다. 작가는 이러한 문화의 층과 역사의 지층이 담긴 청계천이 현대식 콘크리트 건물로 대치되는 것을 우려하며, 사진 작업을 통해 〈서울은 더 이상 알츠하이머 도시가 되어서는 안 된다〉라고 강조한다.

역사는 미래의 요람

안미경 작가의 청계천 사진에는 공구상과 골목상권, 재개발을 반대하며 생존권을 요구하는 시위 장면도 있지만, 대부분의 경우는 상공인들이 열심히 일하는 장면, 공구들, 청계천 풍경 등이 주를 이룬다. 주제는 무겁지만, 그의 회화에서 보였던 희망적이고, 밝고 미래를 만들어내는 모습들이 담겨있다. 또한 그의 회화에서 주로 사용된 전반적인 노란톤, 초록톤, 푸른톤에 붉은색으로 포인

트를 주는 것 역시, 사진에서도 같게 적용되고 있다. 작가의 순수한 관점이 적용된 사진 속의 청계천 상공인들도 물건을 파는 장면보다는, 기계를 좋아하며 수리하거나 만들어내는 그러한 기술자의 모습으로 주로 묘사된다. 청계천에는 기계만 있는 것이 아니라 나무와 꽃, 기름때 묻은 채로 돌아다니는 강아지도 있다.

작가는 청계천 사진들을 친근함과 평등함을 보여주는 아이 레벨eye level 앵글로 주로 찍었다. 수많은 종류의 공구가 걸려있는 가게 안의 풍경은 공구 하나하나를 마치 개별적인 초상화를 그리는 듯한 섬세함으로 묘사되었다. 사진 속의 자잘한 〈쇠 밥〉, 〈불꽃 밥〉의 알갱이 하나하나가 살아있고, 사진 속 원경에 놓인 달력의 날짜, 자의 눈금까지도 읽을 수 있다. 공상인들의 도구는 희노애락을 함께 나눈 오랜 동료가 된다. 〈전봇대 머슴, 청계천, 2019〉에는 일손이 부족할 때 "말 없는 머슴"인 전봇대에 구리 선을 묶고, 폐전선 탈피작업을 한다. 70, 80년 된 110개의 〈드릴날통 철서랍장, 청계천, 2018〉은 볼탕스키의 수십 개에서 수백 개를 모아 전시하는 〈비스킷 상자Les boites de biscuit〉를 연상시킨다. 그러나 그 느낌은 완전히 반대다. 〈드릴날통 철서랍장〉은 "애초에 미군 부대에서 나올 때는 국방색이었던 서랍장이 [오랜 사용으로] 금색이 되었다"고 작가가 말하듯이, 이 서랍장은 오랜기간 상공인과 함께 일하며, 훈장같은 금색이 되었다. 반면에 볼탕스키의 녹이 슨 〈비스킷 상자〉는 원래의 어감이 주는 달콤함은 완전히 사라지고 을씨년스럽고 그 상자를 열면 죽음의 향이 퍼질 것 같다.

안미경은 청계천의 전체 구도를 알 수 있도록 하이high 앵글을 가끔 사용하기도 한다. 그 가운데 〈청계천 황금요람, 청계천, 2018〉은 어두운 밤에 가로등의 황금 불빛이 화면 한가운데를 커다란 마름모꼴로 비추고 있다. 〈황금 요람〉은 작가의 의도를 가장 잘 보여주고 있다. 청계천의 역사(과거)는 바로 미래를 낳는 요람, 가치를 측정할 수 없이 소중한 〈황금 요람〉이라는 의미다.

“Cheonggyecheon Tool Street” of Ahn Mi-kyung

Sim Eun-log (Exhibition planner & Art critic)

“Pure perspective close to epoché”

On opening the email sent from artist Ahn Mi-kyung, some innocent laughter was heard from the mailbox all of a sudden. In some pictures attached to present herself, she is smiling just happily next to children at an elementary school classroom as a teacher. Other artists just send me their respective portfolio to ask my art criticism. However, this first “digital” encounter was quite impressive. Another uniqueness was found from a bouquet of colorful “poem” along with the image of her oil painting. Her oil painting work and poem faithfully show how she is as an elementary school teacher. Without doubt, her tone showed deep philosophy and a somewhat heavy story as well. Also, her works dealt with cosmic and eternal vision yet always with the hint of “pure perspective” of looking at the world in a clean, bright and beautiful manner.

Shortly after, she sent me some images of photographic works after oil painting works and asked me a text for an art catalogue of her solo exhibition (Insa Art Center, Oct. 2 – Oct. 8 of 2019). To my great surprise, there was big difference between her oil painting works and photographic works in terms of theme and feeling in general as if both had been created by completely different people. The photographed place was mainly on "Cheonggyecheon Tool Street" and the photographed objects included tools, apparatuses, machines, buildings and environment while key figures were people with small businesses in the area.

When "Tool Street" covering Seoul-Cheonggyecheon-Euljiro with more than 60 years of history was at the brink of extinction due to redevelopment, Ahn Mi-kyung changed the angle towards Cheonggyecheon for the project "Conservation of Cheonggyecheon."[1] She says, "In the overseas countries, there are many culture zones of Industrial heritage (or culture zones of manufacturing industrial culture), but Korea lacks this kind of zones. Therefore, I hope that Cheonggyecheon can be appointed as the first zone." She explains, "Cheonggyecheon embraces every detail of humanity and modern & contemporary history, along with the trace of the building itself. For this reason, we can revive heritage and small businesspeople of the area." She adds, "I took the pictures while making a round trip to distance taking 3

1 Quotation without a clear source in this text was cited from the interview carried out at the atelier of Ahn Mi-kyung on May 5 of 2019.

hours and half countless times after I finished working at school, and before the stores or factories close, I took pictures for 30-50 minutes."

As mentioned before, when I first saw her photography works, they seemed totally different from her oil painting. However, observing her photography for quite a while, we can realize that her oil painting works also maintain the same child-like pure perspective as in photography. In other words, it is a sort of "epoché." The pure and hopeful "perspective" is a sort of perspective, but it has low-level political bias or social prejudice. Despite being social and political issues, if we can transform them into art one by one, "documentary photography" can ascend to the level of "art." In this sense, the German Pavilion "Faust" as the winner of the Golden Lion at the 57th Venice Biennale, which successfully transformed somewhat heavy political and social themes into art, was a masterpiece deserving to remain in the history. Not as good as the level of the German Pavilion, "Sun & Sea" of the Pavilion of Lithuania, the winner of Golden Lion at the 58th Venice Biennale also elevated today's most sensitive issue "global warming" into a poem. Contemporary art provides the viewers with room for thinking and an imaginable space for the work, without forcing them to follow the idea of the artist. Without imposing his

/ her on the viewers, the artist give the viewers some room for independent thinking through epoché (bracketing, suspension of judgement, withholding of assent). Like this, the artist opens an opportunity of having a dialogue with the future viewers or the other, by inserting a space in the previously fixed image.

From "record" to "concept"

Ahn Mi-kyung never forgot to send me some poems or text related to her works, when sending me pictorial images. Her first exhibition catalogue was "a pictorial poetry book" as well. When sending me her work with concrete and clear purpose of "Cheonggyecheon Tool Street and Conservation of it," she did not forget to attach explanation (poem, text) in parallel. Part of contemporary art invites a short text to drawing to reside in it. In Korea, Rhee Seundja tried combination between woodcut and poetry in collaboration with Michel Butor. It seems that "poetry" as the seed of the sublime and soul was sowed onto the woodcut.

This method is highly similar to that of Anselm Kiefer.Though the works of Rhee Seundja are very different from those of Anselm Kiefer, they share in common in that both cherished poetry throughout their lifetime, actively invited poetry to their works and direct towards the universe.[2] One of the reasons of which those from the art world recognize Anselm Kiefer is that he is able to completely elevate heavy themes such as "Nazi" and "Auschwitz" into a poetic work while the historic tragedy stabs the viewers straightforwardly. In the Orient, there is this long tradition of "literati painting"[3] binding painting with poetry. Photography and text (poetry) of Ahn Mi-kyung reminded me of Sophie Calle among many other artists. Sophie Calle started her first photographic works at the age of 26 and was immediately recognized in Paris Biennale of 1980 with her work "Les dormeur (the sleepers)." Every time I observe her works, I wonder whether they are based on any fact or fiction. By inserting fiction in the real story and making the

---

2 Sim Eun-log, *Art of Rhee Seundja: Galaxy of streams of Yin and yang*, Goyang, Gyeonggido, Misul Munhwa, 2018, p. 237-8

3 In the West, text was always accompanied by drawing including icons of the Middle Age and the early Renaissance as we can see in potteries and sculptures of Greece. From the mid- Renaissance, drawing and text started to be divided until text suddenly disappeared. Today, conceptual art appeared showing drawing and text in the same canvas through graffiti or constituting only text as an artwork.

real story included in the fiction, she blurs the boundary between truth and fabrication making the viewers indulge in enjoyment in the boundary. Thus, Sophie Calle carries on with her original conceptual works full of individual mythology and ambivalence with Western touches. Though photographic works of Ahn Mi-kyung are different from works of Sophie Calle in many ways, I have to confess that I expect some kind of Korean-style conceptual art from her. One of the advantages distinguishing her from other artists lies in the fact that she deals with her works always with a text (poem) in parallel. It is desirable that her oil painting works and poetry should be placed in a separate manner like in the exhibition of illustrated poetry. However, it will be even more interesting if her photographic works relevant to Cheonggyecheon can be exhibited in the conjoined form of photography and text as is the case of conceptual art.

"Ironware Civilization" of modern times of Korea

When hearing the news of "Cheonggyecheon Demolition," a feeling of great loss of Korea's unique "ironware culture" of modern times overwhelmed me, as the title of a photography of Ahn Mi-kyung says. Suddenly, "a flea market" of Paris came across my mind. This famous name "flea market (marché aux puces)" of France was created out of the characters of the objects sold in the market that are mostly unclean and old, being the nest of fleas. In particular, Marché aux puces de Saint-Ouen (Flea market of Saint Ouen) has been the center of complex problems such as unstable safety, pickpockets and illegal street stores. They had many sufficient reasons for bulldozing out the untidy market and transforming the place into shopping malls, department stores and apartment buildings. However, France decided to preserve this market based on the criteria of which this place also has history and culture. Now it became an unmissable tourist attraction. In France, instead of demolishing buildings or places imbued with history and culture of this character, they opt for preserving "history" and "time" by sponsoring and revitalizing such cultural facilities. In the provinces of France, they keep old traditional market buildings as they are and open the market twice a week or use the place for village festivals. As we can see in Grand Palais of Paris, France decided to repair the building putting a lot of money and ten-year dedication, instead of constructing a new one in only one year. This is the driving force of France of being the number one country in world tourism for such a long time.

Cheonggyecheon[4] also has a history of 600 years. Ahn Mi-kyung explains this based on four "cultural strata" as follows:

First Stratum: Waterway route and wooden pillar of the early stage of Joseon

The Second Stratum: Construction Administration (Gongbang) in charge of construction process of Hanyang Doseong or City Wall poster to Japanese Invasion of Korea in 1592 (Imjinweran)

4 In 1394, Seoul (Hanyang) becomes the capital city of Joseon. From January of 1412 (King Taejong 12) for one entire month, 52,800 workers were mobilized to be in charge of digging stream by repairing and expanding river of the natural state. This became a proper noun referring to Cheonggyecheon. The Han River, external waters surrounding Seoul flows from East to West. On the other hand, Cheonggyecheon, internal waters for everyday life use flows in the middle of the city moves from West to East. In the 1950s when machinery from the factories run by the Japanese or from the US Army was scattered all over, "street vendors become the tool stores of Cheonggyecheon." (The Institute of Seoul Studies, University of Seoul, 'Cheonggyecheon, time, place, people'). Tool stores of this place made a big progress during the Vietnam War, and contributed to driving force of industrialization of the 1960s-1970s. The main stream of Cheonggyecheon was entirely covered from 1958 to 1977, and it was covered as the present state from 2003 to 2005.

The Third Stratum: Traces of building site during the Japanese occupation
The Fourth Stratum: Birthplace of Korean industry contributed to regeneration of Seoul, which fell into ruin after the Korean War

She reenacts these cultural strata in "Cheonggyecheon Strata, Cheonggyecheon, 2019." Cheonggyecheon is like "an organic body" through which any product can be completed by gathering many parts from different stores once we are well aware of features and geography of stores of the area, and is a rare place of the world allowing "small quantity batch production at a low cost."
Due to heterogeneous materials and this dignity or expertise of small businesspeople, who are almost like technical experts, it is believed that "they can even make tanks, submarines and satellites in Cheonggyecheon." Ahn Mi-kyung shows concern on the possible situation of which Cheonggyecheon with these cultural layers and historic strata can be replaced with modern concrete buildings, and emphasizes through her photographic works that "Seoul must not be a city suffering from Alzheimer's disease any longer."

History is the cradle of future

Photography of Cheonggyecheon of Ahn Mi-kyung demonstrate scenes of tool stores, small local businesses and people protesting claiming their right to live against redevelopment. However, most of scenes constitute hard-working small businesspeople and views of Cheonggyecheon. Despite these heavy themes, there are scenes of creating hopeful and bright future as seen in her painting. Moreover, as her painting primarily uses reddish color on top of yellow, green and blue tones in general, her photographic works apply the same tonality. The small businesspeople of Cheonggyecheon applying the artist pure perspective are mainly described as technicians or mechanics, who love machines, repair and create machinery instead of mere sellers of products. In Cheonggyecheon, there are not only machinery, but also trees, flowers and puppies with oil walking around.

Ahn Mi-kyung took pictures with the eye-level angle showing closeness and a sense of equality. The view of stores with many tools hung inside shows detailed delicateness of each item as if she was drawing individual portrait painting. Every tiny grain in "Iron rice," or "Flame rice" shows vivid expression, and we can even read dates of the calendar and gradation marks of a ruler seen from afar. The tools of small businesspeople finally become an old friend of theirs with whom they have shared all different feelings of life (joy, anger, sadness and happiness).

"Telephone pole servant, Cheonggyecheon, 2019" shows the scene of which a silent servant when short-handed works in the telephone pole while binding copper wires and taking off old electric wires. Some 70 or 80-year-old 110 units in "Drill barrel iron drawer, Cheonggyecheon, 2018" remind us of "Les boîtes de biscuit (Biscuit box)" of Boltanski composed of tens and hundreds of boxes. Nonetheless, the way we perceive from the work is completely different. As the artist herself mentions, "in the beginning, 'Drill barrel iron drawer' used to be dark green when it just came out of the U.S. Army but it turned into almost gold-colored for being worn-out after a long use,'" this drawer turned into gold-colored after working together with small businesspeople of the area for a long time. This is like a color from a badge. On the other hand, Boltanski's rusty "boîtes de biscuit" can never bring any sweetness of the original title, and it seems that the smell of death will immediately spread on opening the box.

Ahn Mi-kyung sometimes uses the high-angle to allow the general composition of Cheonggyecheon, in particular, in her work "Cheonggyecheon golden cradle, Cheonggyecheon, 2018," the golden light of the streetlamp in the darkness is shining the center of the screen with a huge diamond shape. "Golden cradle" manifests the artist's intention in the most effective manner. It means that the history (past) of Cheonggyecheon is the very cradle giving birth to future, namely, "golden cradle" of which the value is immeasurably valuable.

철기문명 I 청계천, 2019
Iron age I
L'Âge du fer I

철기문명 II 청계천, 2018
Iron age II
L'Âge du fer II

DAE GYU

3104
741-0404

철기문명Ⅲ 청계천, 2018
Iron age Ⅲ
L'Âge du fer Ⅲ

청계천 황금요람 청계천, 2018
Cheonggyecheon's golden quarter - a berth of gold
Le berceau doré de Cheonggyecheon

청계천 황금 요람

동방박사 세 명은 동쪽에서 별을 보고
황금, 유약, 몰약을 가지고 베들레헴을 향했다.
베들레헴의 마굿간에서 아기 예수가 태어났다.
황금요람에서 청계천의 뿌리가 시작되었다.

거대한 망치 I 청계천, 2018
Being a hammer to smash the evil I
Un marteau géant I

청계천, 내 마음의 고향

젊은 날, 꿈을 안고 청계천에 왔다.

평생토록 일했던 청계천을 떠나 어디로 가야 하는가.

쇳물 청계천, 2018
Molten stream
Un forgeront

쇳물

알루미늄 쇳물은 뜨겁지만 시리도록 하얗다.

쇳물 붓는 주물 작업은 다만 손에 기름을 묻히지 않는다.

마찌꼬바 청계천, 2019
A small factory of sort
Une petite fabrique

마찌꼬바

해 질 녘 탕수육 한 접시, 서비스 군만두
한 골목 사람들이 모여야 젓가락질한다.

한 입 먹으면 만 원 내라고 놀려 먹는 곳

2.5톤 트럭만 들어와도
으까번쩍 명동 부럽지 않은
청계천 마찌꼬바 골목길

쇠밥을 같이 한다는 건
쇳물을 같이 한다는 것

휘파람 자전거

청계천 자전거는 먼지 뒤집어 쓴 적 없다.
청계천 자전거는 기름 얼루기 한 점 없다.
자전거는 닦고 조여 주는 주인이 고맙다.

여름날 서산 너머로 해는 꼴딱 졌다.

부지런한 주인은 저녁밥 거른 채 작업에 열중한다.
신용 제일도 좋지만 끼니 놓치는 주인이 걱정이다.

이 공장 저 공장 철문 내린 청계천 골목길

충직한 자전거는 주인을 태우고 퇴근한다.
납품 마친 주인의 낮은 휘파람 소리가 들린다.

휘파람 자전거 청계천, 2019
Bicycle and its master
Le vélo et son maître

불꽃밥

빨간 생존권 조끼
노란 생존권 조끼
검은 기름 생존권 조끼

아침밥은 쇠밥
점심밥은 기름밥
저녁밥은 불꽃밥

내가 겪은 세상은 두 가지
세상과 등 돌리고 일만 하는 세상
노포 맛집 고기 굽는 냄새
술 권하는 세상

등 돌린 환한 세상은 나완 상관없이 돌아간다.
내 앞에 주어진 세상은 어깨만큼 비좁다.

내게서 등 돌린 세상은 여전히 잘 돌아간다.
내 앞에 주어진 세상은 불꽃만큼 어둡다.

불꽃밥 청계천, 2018

Welding sparks for dinner, anyone?

Les étincelles enflammées

거대한 망치Ⅱ 청계천, 2018

Being a hammer to smash the evil Ⅱ

Un marteau géant Ⅱ

거대한 망치

너희가 틀리고 우리가 옳다는 명분의 대결이 아니다.
살아야 하니까
손아귀 으스러지게 주먹 쥔다.

얼마나 많이 가졌기에
너희만 세상의 중심에서 우뚝 서려 하는가?
가진 건 없어도
세상 한쪽 끝 사람들은 거대한 망치를 품고 있다.

거대한 망치를 꺼내 심판하라.
오염된 자본 덩어리 깨부숴라.

청계천 지층

청계천은 노른자 땅이 아닌 사람의 땅이요,
역사의 공간이다.
청계천은 4개의 문화층(아래 지층)을 간직한
유적지다.

제1지층 : 조선전기 수로 물길과 목주열(나무기둥)

제2지층 : 임진왜란 전후 한양도성 건축 공정을 수행하던 공방

제3지층 : 일제 강점기 건물지 흔적

제4지층 : 6.25 한국 전쟁 이후 폐허가 된 서울을 재건한 한국 산업의 발상지

청계천 지층 청계천, 2019
Cheonggyecheon strata
Les strates de Cheonggyecheon

고된 하루를 씻다 청계천, 2018
Washing away the day's toil
Laver une lourde besogne

베크라이트 、MC 、아세탈 、우레탄
아크릴가공제작 、BMC 、실리콘판
공장 직영
남일절
T.266-1266
베크라이트 、각종수지봉
BMC 、수입절연물판매
남일절연
266-1266 266-2921
CNC가공. 밀링·선반가공
진성정밀
CNC 가공
진성정밀
SAPE

대를 잇다

아버지, 저는 커서 어떻게 돈을 벌죠?

아들아. 너는 잘 할 수 있어. 하나씩 하나씩 하다보면
너무나 크고 어려워보였던 것들이 해결 기미가 보이게 되거든.
한번에 그 산을 넘으려 하지 말고 나아질 거라 믿고 계속하면 되거든.

질문 많은 그 아들이 장성해서 대를 잇는다.

대를 잇다 청계천, 2019
Family business for generations
De génération en génération

드릴날 통 철서랍장

오래 전 청계천은 전국 도소매 공구 장사로 돈을 많이 벌었다.

골목가게와 달리 전면가게들은 권리금을 얹어도 매물이 나오질 않는다.

전면가게는 매출규모가 다르다.

전 주인에게 물려받은 서랍장의 용도는 미제 드릴 날 통이다.

그때는 국방색이던 서랍장이 금색이 되었다.

그때는 검었던 공구상의 머리색은 은색이다.

그 둘 사이, 말하지 않아도 통하는 마음의 물길이 열렸다.

그 둘 사이, 물살은 맑은 종소리를 난다.

넘치지도 마르지도 않는 물길이 흐른다.

드릴날 통 철서랍장 청계천, 2018
Chest of drawers
Armoire à tiroirs

전봇대 머슴

서울특별시 중구 입정동 32번지 청계천 골목길
을지상회 이성옥 사장은 전통방식으로
폐전선 탈피작업을 한다. 구리선은 돈이 된다.
일손 부족하면 꺽다리 전봇대가 말없는 머슴이다.
전봇대에 처억하니 구리선을 붙들어 묶는다.
잡아 줄 사람 없다고 투덜대면 무엇할텐가?

옛날 생각을 많이 하면 머리에서 뿔이 돋아난다.
쇠냄새 눅진하게 밴 청계천은 구식이라 좋다.

전봇대 머슴 청계천, 2019

Skipping the line for pieces of copper inside

Une chasse au trésor au poteau électrique

돈의 신 청계천, 2019
Skipping the line for pieces of copper inside
Une chasse au trésor au poteau électrique

돈의 신

고요한 밤
사슴, 물새, 거북이가 물을 마시러 온다.
물에 잠겨있던 악어가 이빨 드러내고 먹잇감 삼킨다.
늪은 변함없고 칼바람은 여전하다.
돈의 신이 시커먼 입을 벌려 습격한다.
돈의 신은 강력한 이빨과 턱으로 청계천을 물어뜯는다.
힘없는 청계천에 붉은 피가 용솟음친다.
적이 분명하면 싸워라. 적을 두려워하면 이길 수 없다.

녹내장 청계천, 2018
Glaucoma
Glaucome

녹내장

가마일 빵끼칠 아무리 좋았어도
입, 목구멍, 폐를 지켰어야 했다.
마스크에게 미안하다.

가마일 빵끼칠 아무리 좋았어도
손을 지켰어야 했다.
목장갑에게 미안하다.

가마일 빵끼칠 아무리 좋았어도
눈을 지켰어야 했다.
보안경에게 미안하다.

머리를 지켜서 다행이다.
수건만이 머리를 지켰다.

나 어렸을 적
시골집 밤하늘
내 머리 위로 은하수가 올랐다가
새벽 오면 산 위로 낮게 드리웠다.

은하수 저물어도 밝음은 여전하다.
녹내장에 내 눈 아파도
잔뼈 굵은 가마일 하고프다.

날밤 청계천, 2018
Pulling an all-nighter
Une nuit blanche

날밤

검은 구름 몰려와 깜깜 절벽이면 어쩔 것인가.
개 발바닥만한 빗방울 떨어지면 어쩔 것인가.
장대비 그칠 것이고 내 새끼들을 건사하면 그만이다.

혼자 사는 여자
남편 없이 사는 여자
이혼한 여자
예전에는 말이 많았다.

요즘 여자들은 힘들게 혼자서 자식을 키우질 않는다.
두고 가버린다.
누구의 도움도 없이 난 새끼들을 키웠다.

특수칠 일은 시간을 두고 물건 가져다주는 법이 없다.
납품 기간에 맞추려면 밤을 꼴딱 새야 약속을 지켰다
납품일 한 번도 어겨본 적 없다.
못 하겠다고 말해본 적이 없다.

뼈로 지핀 듯 가마 불꽃이 탄다.
가마 앞에서 꼬박 새고 날밤 깠다.

손때 청계천, 2018
Worn-out blueprints
Les traces de doigts

나는 청계천을 열렬히 사랑한 죄밖에 없다

일천구백팔십년 이월이었던가.
서울특별시 중구 입정동에서 청계천 사장이 되었다.
촌놈 출세했구나.
어찌나 좋던지 입 다물어지지 않았지.
팥시루떡 돌려도 손 시려운 줄 몰랐지.

삼십 팔년이 흘렀구나.
한번도 이전하지 않고 한자리였다.
거래처와의 신용을 지켰다.

반평생동안 돈이 술술 잘 벌리기도 했지.
기계를 들이지 말고 땅을 샀어야 했구나.
억울하다 억울해.

삼십 팔년 꼬박꼬박 월세냈던 건물주가
재개발한다고 팔백만원 주고 등떠미네.
밀린 월세를 제하면 사백만원 남는구나.

사형선고가 따로 없구나.
꽝꽝 쇠막대로 꽹과리 친다.

몸의 시간

한 번도 남에게 공돈 받은 적이 없다.
땀 흘려 일한 만큼 댓가 받는다.
한 번도 헛돈을 써본 적이 없는 내 손이 일어선다.
한 번도 슬픔을 느낀 적이 없는 내 몸이 일어선다.
길 위에서 광장에서 타오른다.

몸의 시간 청계천, 2018
A time to set one's body to work
Les temps du corps

방패

세찬 비는 꺾어도 꺾이지 않던 너를 닮았다.
콸콸 쏟아 붓는 비는 급류로 요동친다.
다시 태어난다 해도
세상 모든 이에게 방패되어라
거대한 바윗덩어리로 살아라.

죽을 힘을 다해 살아도 세상 사는 일이
목구멍 터져나는 비릿한 피맛 아니던가.

해바라기꽃은 해를 바라 본다.
물은 모두 낮은 곳으로 흐른다.
새 한 마리가 날아 오른다. 자유롭구나.

방패 청계천, 2018
shield
Arrêter une flèche à la volée avec un bouclier

청계천 큰 울음

큰 소리개가 부엉이 곳간을 표적 삼는다.
큰 눈알 부라리며 부엉이 목을 공격한다.
다행히 뒤집힌 둥지에 성한 알 많이 남았다.
청계천 둥지를 지켜라.
큰 울음은 속으로 삼켜라.

거대한 망치Ⅲ 청계천, 2018
Being a hammer to smash the evil Ⅲ
Un marteau géant Ⅲ

반복되는 것은 언제나 낯설다 I 청계천, 2019
Repeat. Work. Repeat I
Un travail maladroitement familier I

반복되는 것은 언제나 낯설다Ⅱ 청계천, 2019
Repeat. Work. Repeat Ⅱ
Un travail maladroitement familier Ⅱ

불꽃 청계천, 2019
Welding firework
Feu d'artifice de soudure

청계천 탱크 2018
Cheonggyecheon's tank
Un réservoir à Cheonggyecheon

전부 다 덤벼

아무리 짓밟아도 무너지지 않는다.
한 번 죽었다 살아난 이는 온이로다.
전부 다 덤벼.

큰 울음I 청계천, 2018
Burst out crying I
Retenir ses larmes I

팔뚝 청계천, 2019
Tenacity
Avoir un avant-bras musclé

술잔 든 중년

오늘 아침을 행복하게 하는 것은 내 건강한 팔이다.
이 근육은 처자식 먹여 살린 팔뚝이요,
이 근육은 등 대고 누울 내 집을 마련한 손이다.

오늘 저녁을 거침없이 달리게 하는 것은 술이다.
내 안에 끓는 혈기를 술잔 가득히 붓는다.
생활비, 가겟세.... 다달이 어깨에
짊어진 짐을 술잔 가득히 붓는다.
영영 돌아오지 않을 젊은 날을 술잔 가득히 붓는다.
웃거나 울지 않으면서 부어라 마셔라 한다.

입정동 I 청계천, 2018
Going to Ibjeoungdong I
Ipdong-dong I

청계천변

오전 장사 마치고 제육볶음 백반을 시킨다.
상추쌈을 삼키려다 고기가 목에 걸린다.

어쩌자고 명도소송, 손해보상 소장 뭉치를 보았던가.
예전엔 반가웠던 우편집배원 오토바이가 두렵다.
소장더미에 짓눌려 잠 못 이룬 밤 날
밝으면 죄인처럼 법원으로 출두한다.

빨간 투쟁 조끼가 팔딱팔딱 뛰는 심장이라면
재개발 철거 소장 뭉치는 부정맥이다.
청계천은 심정지 상태다.

다시 태어날 수 있다면
천변에 꽃이 되고 싶구나.
천변에 바윗덩이 되고 싶구나.

불꽃

휴일이라곤 한 달에 한두 번
희미하게 밝아 오는 새벽빛이 희망이었던가.
사계절이 마땅하나 두 계절로 기억하는 시절
더우면 여름이요, 가을 모르게 겨울이요, 봄날은 없다.

새날 밝으면 뜨거운 용접을 했다.
프레스기계가 나였고, 내가 프레스기계다.
늘어지게 잠 한번 자는 게 소원인 시절
선반기계가 잠 도둑이었던가.
주물공장 용광로는 청춘의 불꽃까지 집어 삼킨다.

불꽃 청계천, 2018
Welding firework
Feu d'artifice de soudure

모래알 청계천, 2018
Sand
Grain de sable

모래알

청계천 안쪽 좁은 골목
역사의 흔적 묻어나는 곳
흩어지면 모래알로 사라진다.

위이 윙 기계부품 깎는 소리
드득 득 연마하고 넘기면
스스 쓱 도장 순식간이네.
흩어지면 모래알로 사라진다.

흔적 청계천, 2018
Trace
Laisser des traces

22%

사업자등록증 걸고 내라는 세금 다 냈네.
철거보상금마저 22% 세금 원천징수하네.

원형탈모 네 개, 입술 물집 여섯 개
웃돈 얹고 가게 이전하면 뭐하나.
매출은 반타작 아니 반의 반타작

금간판 청계천, 2019
Memory of a shop
Un souvenir d'une boutique

청계천 금간판

청계천에는 서울에서 가장 먼저 생겼다는
철물점이 있었는데 작년만 해도 있었는데
순식간에 철거가 되었다.

평안상사가 있던 풍경이 사라지고 나니
사람도 건물도 함께한 시간도 세월 앞에선
어쩔 수 없단 걸 느낀다.

철물점 자리에 주상복합 아파트가 들어선다는데
땀이 밀려나고 잠이 자리를 채우는 시절인가 보다.

오래된 철물점, 주물공장이 사라진 서울의 기억
청계천마저 사라진다면 여기가 어디고
우리는 누구인지 서울은 알츠하이머를 앓는다.

남해 보리암 가면 조선을 건국한 이성계가
산에 비단을 씌워주고 싶어 했던 산이 있다.
비단이 귀한 시절, 이성계는 비단을 입혀주고
싶을 만큼 좋았던 산 이름을 금산이라 지었다.

서울, 청계천에는 금 간판을 씌워 줄 곳이 많다.

서울시장에게 고함

특별시 쫓겨난 소상공인
갈 곳 없어라.
마음 기댈 곳 없어라.

특별시, 국세청 가렴주구
영세 상공인 빚더미 쌓여
청계천 핏물로 물들어라.

죽어라 생존권 투쟁하고 나니
서울시장 말하길
당신 같은 사람이 서울시에 한 둘이냐?
1년이나 시간 벌어 줬으면 꺼져라.

어찌 하리 어찌 하리!

중구청, 서울시청, 청와대
쫓아가서 읍소해봐야 피멍 싸대기
뺨에 붙은 밥풀이나 뜯어 먹어라.

서울시장에게 고함 청계천, 2019
Shout out to the mayor of Seoul
Crier au maire de Séoul

외뿔은 어떻게 진보의 무기가 되는가

나의 외뿔이 좋다.
뿔 달린 괴물로 살다 별자리가 되리라.

의로운 일을 하지 않는 잘난 이들.
끼리끼리 모여 어리석은 결정한 후,
못 가진 자와 싸우는 사람을 못 마땅히 여긴다.

나의 신념대로 올곧게
악인 가슴팍에 외뿔 찌르리라.

나의 외뿔로 부터 꽃대가 불쑥 나오리라.
나의 꽃대로 부터 꽃망울 불쑥 나오리라.

거대한 망치Ⅳ 청계천, 2019
Being a hammer to smash the evil Ⅳ
Un marteau géant Ⅳ

265-1664
서울공업사
010-2288-1664
알곤용접
알곤용접

벽 청계천, 2018
The aged wall
La muraille

쇠밥

쇠가 타는 냄새와 섞어 먹는 쇳가루 쇠밥
마른 쇠밥만 먹었더니 목이 메어 와 알곤
가스에 비벼먹었던 기름밥이 꿀맛이다.

쇠밥 청계천, 2019
A farewell to steel-cutter
Un adieu à l'acier

자유가 웃는다 청계천, 2018
Freedom always smile
La liberté rit

자유가 웃는다

바다 안에 푸른 파도 꺼내 너에게 주었지.
높은 너울 갖는다는 건 자유로워지는 거야.
대지 안에 초록 나무 꺼내 너에게 주었지.
나무 냄새를 맡는다는 건 착해지는 거야.

승리

반짝반짝 참 반짝이는 바다여. 사랑하겠소.
바다는 한순간도 쉬지 않는다.
멈추지 않는 파도는 홀로 되는 걸 두려워하지 않는다.

반짝반짝 참 반짝이는 사람이여. 사랑하겠소.
가슴 깊숙이 사랑이 견고한 사람은 한순간도 흔들리지 않는다.
거센 바람과 맞서는 걸 두려워하지 않는다.

영원한 투쟁 청계천, 2018

A fighter

Un militant

청계천 수표동

수위를 재는 수표교가 있어서
그 이름 반가운 수표동이로구나.
육백 년 전 조선 사람이 되어
너비 7m, 길이 27m의 수표교를 걷고 싶다.

수표동 청계천, 2019
Supyodong, my home
Supyo-dong, ma maison

물고기 나무

세상 속으로 뛰어들고 싶은 마음에
닻을 올리니 넘실넘실 파도가 친다.
가진 것 없는 맨 몸으로 노 젓는다.

남극해 깊고 찬 바다
대왕고래는 얼마나 용감하게 살아가는가.

계절이 오고 가는 건 정형의 시간
묵묵히 물고기 열리는 나무를 심는다.
세상에 태어났으면 너만의 삶을 살아라.

물고기 나무 청계천, 2019
Tree is whale that crosses the Ocean
Arbre à poisson

악에 부는 바람

악의 매듭을 단칼에 끊는 단단한 심장은 몇이나 될까.
이 아름다운 별은 다행히 중력의 법칙에 따른다.
어두운 숲 나뭇잎이여 뚝뚝 떨어져라.
뚝뚝 죽은 잎이여 악인의 최후로구나.

악에 부는 바람 청계천, 2018
Standing up to the wind of evil
Le vent souffle contre le mal

술 - 돈 - 힘 - 길

달리는 자동차가 자유를 누린다.
길이 끝나는 지점에서 질주가 뚝 멈춘다.
달리는 자동차는 정지가 싫다.

도요새가 하르르 날아 오른 하늘 끝
꽃노을이 뜨겁고 발그레하다.
서쪽 하늘이 술 두 잔 한 얼굴을 감추진 않는다.

누가 새 길로 떠나지 말라 했던가.
나를 필요로 하는 길이라면 피하지 않는다.

먼길 청계천, 2018
A long road of eviction
Une direction après l'expulsion

잔뼈가 굵다 청계천, 2018
A master
Un maître

잔뼈가 굵다

청계천을 떠나는 일은
달리는 자동차의 바퀴를 바꾸는 일만큼 힘든 결정이다.
나는 새 둥지를 문래동에 튼다.

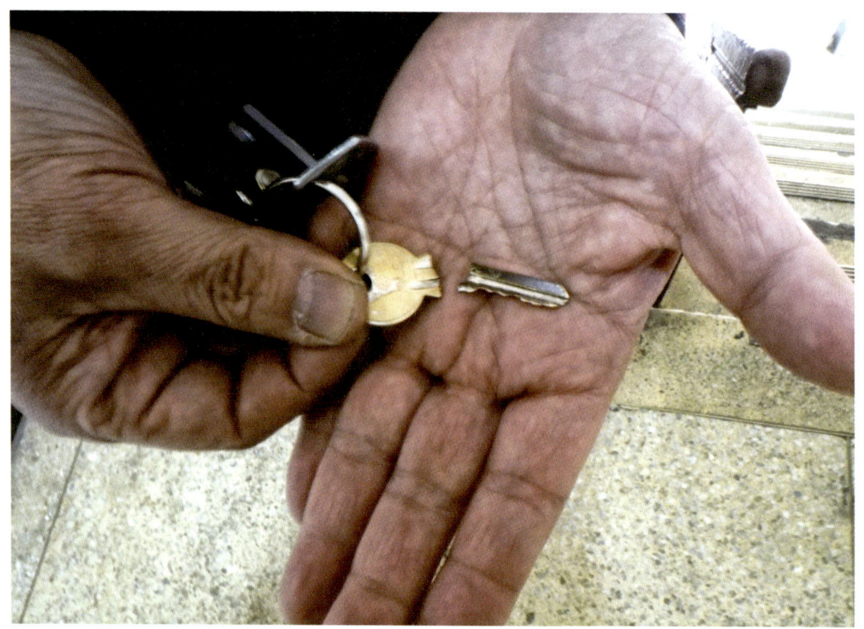

부러진 열쇠 청계천, 2019
What broke my key?
Une clé coupée

부러진 열쇠

두 동강이 난 열쇠는 단순한 쇳조각이 아니다.
부러진 열쇠의 나이는 55세다
1965년 평안상사가 개업하면서 받은 열쇠다.

2019년 1월 14일 동양빌딩 철거 직전
열쇠를 넘겨주던 바로 그날 운명을 다했다.

주인과 함께 한 열쇠가 사람처럼 마음이 생겼던가?
떠나고 싶지 않아서 스스로 부러진 열쇠와 상인의 마음은 똑같다.

비밀의 문

1965년부터 청계천 입정동 204번지 동양빌딩에는
비밀의 문이 있다.

청계천 고가아래 전면가게마다 쇠로 만든 셔터문이 있고
출입이 가능한데 이 문은 왜 필요했을까.

물건이 귀하던 그 시절,
매장과 복도, 창고의 물건들은 현찰과 매한가지다.

건물의 재산을 보호하고 야간출입제한을 위해
건물 출입열쇠를 딱 2개만 팠다.
하나는 건물주가 가졌다. 또 다른 하나는
가장 먼저 가게문을 열였던 평안상회 고 홍경주사장 몫이다.

남의 눈에 보이지 않는 벽과 똑같은 페인트를 칠한
작은 비밀 쪽문으로 어른이 들어간다.

마법처럼 복도의 끝의 건물 전체 출입문이 열리면
동양빌딩 상인들의 힘찬 하루가 시작된다.

비밀의 문 청계천, 2018
Secret door
Secret entrée

청계천 이팝나무는 백년 후에도 활짝 핀다

새 잎 흔드는 바람이 하얀 쌀 꽃을 피운다.
청계천 사람은 날개 짓 멈추지 않는 꿀벌을 닮았다.

산은 샘물 고이고 마을은 우물을 지킨다.
논에 물대면 새가 오듯이 계천사람은 청계천을 지킨다.

청계천 사람은 술 한 병은 아쉽고 술 두 병에 취한다.
청계천 사람의 술은 한 병하고도 반 병이 더 남았다.

입정동Ⅱ 청계천, 2019
Going to Ibjeoungdong Ⅱ
Ipdong-dong Ⅱ

광장의 자유 청계천, 2018
Liberty of square
Liberté de place

광장의 자유

내 안에 작은 아이
피해라. 험한 길

내 안에 커진 어른
도망치지 마.

마주할 용기
커져라. 더 커져라.

나는 커졌고 상실을 두려워하지 않는다.
그곳이 어디든 나의 자유는 변화가 없다.

짚단 두 단

농기계가 하나도 없는 사람이 1년 농사를 짓는다. 쌀을 탈곡하고 나면 소의 여물을 주기 위해 짚단을 묶는다. 소여물을 겨울 내내 먹이고 나면 시골 없는 집의 속사정은 뻔하다. 1년 농사 뼈 빠지게 짓고 나면 짚단 두 단이 남는다. 나는 짚단 두 단의 찢어지게 가난한 인생이 두려웠다.
엄마는 일곱 살 정도의 지능을 갖고 계신다. 엄마는 6녀 2남의 맨 위 맏이로 태어났다. 엄마는 정상이 아니었지만 집 안의 숟가락을 줄이기 위해 아홉 살에 남의 집 살이를 시작했다. 말도 잘 못하고 행동도 굼뜬 고작 아홉 살이었다.
나는 그 어렸던 9살 엄마가 내 딸이 아니어서 안도한다.

외할아버지는 일찍 세상을 등졌고, 외할머니는 8남매의 생계를 짊어진 탓에 맏딸에게 임자가 나타났을 때 시집을 보냈다. 그 임자가 아버지이다.
아버지는 평범하게 성장하질 못하신 분이다. 아버지는 알코올 중독으로 고생했다. 누나는 엄마처럼 어린 나이에 남의집살이를 떠났다.
아버지는 밥 대신 매를 주었다.

엄마를 폭행하고 세 아들을 폭행했다. 큰형이 13살, 작은 형이 8살, 내가 5살이 되던 해였다. 우리 삼형제는 아버지의 학대를 피해 도망쳤다. 벽제에서 성남시까지 어떻게 흘러들어갔는지 어렴풋하다. 형들은 구두닦이를 하고 나는 찍새를 했다. 며칠 후 영역을 침범당한 패거리들에게 얻어 터졌다.
그 때 도망을 치다가 작은 형이 없어졌다.

며칠을 굶고 한데서 잠을 자다가 집에 들어갔다. 졸지에 작은 형을 잃어버린 큰형과 어린 나는 호된 매타작을 당했다. 큰형은 다시 집을 나갔고 나는 남았다.
어느 날부터 아버지가 술을 끊고 엄마와 일을 다녔다. 목돈을 모아 소 한 마리를 샀다. 소가 우리 집에 온 날, 아버지는 잔치를 했다. 그날 큰아버지의 다 자란 아들이 잔치에 왔는데 우리 집 소가 죽었다. 큰아버지가 시켜서 사촌형이 우리 소에게 농약을 먹였던 거다. 동네사람들은 소 내장을 깨끗이 씻어서 소고기를 펄펄 끓여먹자고 했다. 그러나 아버지는 죽은 소를 뒷산에 파묻고 그 무덤 앞을 일주일 간 지켰다. 곡기를 끊고 큰소리로 짐승처럼 처

절하게 울부짖었다. 더운 여름날로 기억한다.

다시 아버지는 술을 퍼마셨고 화풀이로 나와 엄마를 때렸다. 큰집으로 들어가 아버지와 엄마는 날품 발이를 했다. 품삯은 큰아버지가 가로챘다.

여덟 살이 되던 해, 아버지는 동네 원두막에서 잠들었고 하루가 지나도 일어나질 않았다. 스스로 목숨을 끊었던 것이다. 아버지는 묻을 땅이 없어 바로 화장했고 장례식은 없었다.

아버지 없이 우리 모자는 몇 달 동안 큰아버지에게 온갖 구박을 받았다. 결국 우리는 이모할머니네 집으로 보내졌다. 이모할머니는 누런 박스에 매직으로 외할머니네 집 주소를 써서 목걸이처럼 목에 걸어 시외버스를 태웠다.

나주 영산포에 떨어졌다.

어둑어둑한 저녁에 외할머니네 집 주소가 적힌 목걸이 글자대로 버스에 태워졌다. 엄마가 고집을 부려 외갓집이 아닌 곳에 내렸다.

몹시 추운 겨울밤, 여덟 살인 나보다 더 어린애인 엄마 손을 잡고 산을 넘었다. 눈이 유독 많이 내려서 신발이 푹푹 빠졌다.

외할머니, 중고생인 외삼촌 둘, 엄마와 나 이렇게 다섯 명이 같이 한집에서 살았다. 큰 외삼촌은 고등학생 때 시골집을 나갔다. 작은 외삼촌은 집안일을 거들지 않았다. 농사일은 초등학생인 내가 했고 옆집 아저씨들이 하던 농사 품앗이를 내가 도맡아 했다.

막내 외삼촌은 내 이름을 부르지 않았다. 대신 휘파람을 불었다. 대나무가 에둘러 싼 작은 동네였다. 휘파람을 불면 무슨 일이 있어도 외삼촌에게 달려가야 했다. 두 번 휘파람을 불면 긴급하게 뛴다. 외삼촌은 끊임없이 휘파람을 불었다.

친구들은 "네가 개냐?" 고 줄곧 놀렸다.

어느 날 산으로 나무를 하러 갔다. 막내 외삼촌이 뒤에서 밀었고, 할머니 뒷짐 쥔 낫에 손바닥이 7cm 정도 나갔다. 피가 철철 났다. 외할머니는 주먹을 꽉 쥐면 낫는다는 말을 했다. 병원은커녕 소독조차 못했다. 손 병신이 될까봐 오른 손 주먹을 꽉 쥐고 펴지 않았다. 피가 멈출 때까지 나는 일을 하지 않았다. 속없이 좋아했다.

엄마는 지능은 7살이지만 힘은 장사였다. 괴력이 있고 고집을 부린다. 외할머니는 엄마가 감당이 되질 않아 재가를 시켰다. 엄마는 떠났고 나는 남았다.

나는 14살부터 방학이면 돈 벌러 떠났다. 부산 선반 정밀 공장에서 허드렛일을 했다. 15살에 부천 후라이팬 공장에서 후라이팬 코팅한 바닥을 모래로 연마했다. 나중에는 후라이팬을 만들었다. 잠이 쏟아지던 중학생은 새벽 6시 30분에 일어났다. 7시 30분부터 공장 일을 해서 밤 10시, 11시까지 일요일도 없이 일했다. 1994년에 한 달 치받은 돈이 60만 원이었다. 벌은 돈은 항상 할머니를 가져다 드렸고, 그 돈으로 학교에 납부금을 냈다. 고등학교를 졸업하고 서울 공장 기술자인 큰형 소개로 청계천에 첫발을 디뎠다.

당시 몸을 눕힐 한 평의 내 방이 없었다.

아침을 굶고 출근해서 회사에서 주는 점심을 먹었다. 어쩌다 야근을 하면 주는 라면, 빵이 내가 먹은 전부였다. 돈 한 푼을 쓰지 않고 모은 돈이 보증금이 되어 월세방을 얻었다.

내가 서른 살이 되었을 때, 어렸을 때 잃어버린 작은 형이 25년 만에 나타났다. 잃어버린 작은 형은 고아원에서 자랐다. 고아원에서 고등학교를 졸업한 작은 형은 공대생이 되었다. 대학교를 졸업할 때까지 고아원에서 살았다고 한다. 작은 형은 삼성에 취직했다.

우리 사남매 중에 친부모와 살지 못한 작은 형은 유일하게 대학을 졸업했고 대기업을 다녔다.

명절이 오면 작은 형은 시골을 함께 내려갔다. 엄마가 반가워서 손을 만지거나 어깨를 안으면 질색을 했다. 2년 정도 흐르고 작은 형은 결혼을 했다. 우리 측 가족, 친인척 60명 정도가 결혼식에 참석했다. 나는 결혼식장 접수를 받았다. 작은 형은 받은 축의금을 계좌로 받았고 그 이 후 연락을 끊었다.

나는 모든 상처를 뒤로 하고 원하던 사장이 되었고, 2019년 1월 청계천재개발 지역에 묶여 철거되었다.

나미브 사막에 가면 바다에서 올라오는 안개를 이용해 목숨을 이어가는 사막 도마뱀이 있다. 사막 도마뱀은 새벽마다 바람 부는 방향을 향해 머리를 쳐 박는다. 안개 물방울이 등껍질에 도달해 흘러내리면 그제서야 갈증을 면한다.

내 어린 날의 결핍은 뼈아프다.
결핍의 뿌리가 나를 더욱 강한 나무로 키웠다.

아버지가 보고 싶다.
자살하던 밤
아버지는 세상을 원망했을까?
자식을 걱정했을까?
아버지가 되어보니 아버지 마음을 알겠다.
얼마나 서러웠을까?

외할머니 시래기 국이 먹고 싶다.
외할머니는 나에게 함부로 했다.
외할머니가 없었다면 지금의 나도 없다.
외할머니 돌아가시는 그 날까지
통장으로 매달 십 만원을 부쳤다.

엄마는 세 번째 결혼을 했다.
엄마의 남편은 폭력을 쓴다.
엄마도 덩달아 집안 살림을 때려 부순다.
명절에 내려가면 세탁기 TV 냉장고 밥통이 부서졌다.

눈발 날리고 날씨 궂은 크리스마스에 재개발 철거로 가게를 비워 주는 날이다. 이 구석 저 구석에서, 자식 같은 공구들이 못난 아빠를 만나 청계천에서 쫓겨난다. 울컥울컥 눈물이 난다. 중학교 시절 기계에 관심 많아서 공고를 가고 싶었다. 하지만 형들은 자신들이 공고를 다녔으니 상고를 권했다. 머리는 기계 공고에 가있고, 몸통은 상고에서 계집애 마냥 주판알 튕겼으니 좀이 쑤셔서 죽는 줄 알았다.

상고를 다닐 때, 방학이면 친형 가게에서 공구 파는 일을 도왔다.
문도 없는 반 평짜리 가게에서 지나가는 사람들에게 "뭘 찾으세요?" 라고 외쳤다.

"뭘 찾으세요?" 라는 다섯 글자가 처음에는 목구멍에서 맴돌다 사라지곤 했다. 삼사일이 지나자 모기 앵앵거리는 소리가 났다. 2주 정도가 지나니 큰소리가 나기 시작했다.

지나가는 사람들이 바로 돈을 벌게 해준다는 것을 알게 된 것이다.

한겨울에는 문이 없으니 엄청 추웠다. 석유난로를 껴안고 있었다. 무더운 여름에는 땀을 뻘뻘 흘렸다. 기계 공구에 대해 배우고 손님에게 물건을 팔아 돈을 손에 쥐니 재미가 붙기 시작했다.

전문대를 졸업하고 친구 따라 지방대 무역학과로 편입을 했다. 학비가 비쌌던 4년제 대학교에서 전공에 매달려야 했다. 그런데 어찌된 일인지 홍정하고 몸을 쓰는 장사가 좋았다. 청계천에서 터를 잡은 형을 찾아가면 용돈 대신 형이 직접 만든 그라인더

공구들을 줬다. 그걸 들고 전라도 하숙집으로 돌아가 팔아서 용돈 쓰라는 것이었다.

형은 그렇게 나를 위했다.

수업이 없는 날 혹은 토요일에 양 손 가득히 제품을 들고 가까운 광주의 시내버스를 타고, 먼 지역은 고속버스에 몸을 싣고 전주, 대전, 천안 등을 돌아다니며 지방 공구가게에 제품을 판매했다. 돈도 돈이지만 지방에서는 안 팔리는데, 청계천에서는 없어서 못 파는 제품이 있으면 구매해서 화물로 청계천 형한테 보냈다.

내게는 개성상인, 장돌뱅이, 보부상의 피가 흐른다. 왜 개성상인일까? 외할아버지가 황해도에서 큰 배를 가지고 계셨다. 6·25전쟁 통에 커다란 배로 집안 친척들을 모두 싣고 월남했다. 집안 친척들은 잠깐 피난하는 줄만 알았다. 황해도 나루터에서 충청도 당진에 피난 짐 풀었다가 고향인 이북 땅을 끝내 밟지 못했다. 많은 친척들을 모두 배에 태워 피난 내려 온 외할아버지의 맏딸이 바로 울 엄마다. 생활력 강하기로 유명한 이북출신 엄마는 평생 일을 했다.

엄마는 방학 때마다 우리 남매들을 당진 외갓집에 보냈다. 우리 사남매는 매산리 깔판 동네, 논에서 피 뽑고 농약주고 밭에서 김을 맸다. 어떤 날은 양식장에서 바지락을 캐고 바지락 망태기를 옮겼다. 바닷가에는 '또랑'이 있다. 논이나 조그마한 산에서 물이 내려오는데 그곳이 일반 갯벌보다 훨씬 더 깊었다. 벌에서는 눈에 확 표가 나지만 바닷물이 만나는 곳에서는 바다 속의 '또랑'은 보이지도 않고 바닷물 높이와 똑같다. 그 '또랑'에 빠졌다. 살려 달라고 했는데 몸이 다시 밑으로 빨려 들어갔다. 옆 갯벌에 간신히 손이 닿아 위로 올라와 캑캑거리며 바닷물을 토했다.

살 사람은 사는가 보다.

**

학교를 졸업하고 큰 형네 가게에서 공구 일을 배웠다. 큰 형은 공구 만드는 작은 공장을 차렸다. 형은 청계천 가게 운영을 통째로 나에게 맡겼다. 나는 알아서 물건 구입하고, 알아서 내 월급을 가져갔다. 몇 년에 한 번씩 큰 형이 돈이 필요할 때는 모아 놓은 돈을 드렸다. 큰 형은 큰 형대로 공장하며 성장했고 그렇게 경험을 쌓다가 내 가게를 차렸다.

1995년, 전기 없이 파이프를 절단하는 체인 파이프 절단기 40개를 한꺼번에 사들였다. 지름 200㎜ 파이프를 절단하는 체인커터이다. 화학공장의 파이프는 전기를 그라인더로 절단하면 불꽃이 발생하기 때문에 파이프 속에 있는 인화성 물질이나 화학 물질이 폭파할 위험이 있다. 체인커터를 스웨덴에서 직수입한 사람은 건축 감리사다. 화학 공장이나 큰 발전소 공장을 짓는 건설현장에서 사용하는 파이프 절단기가 안전하지 못해 현장에서 인명 사고를 접했던 것이다.

그 건축 감리사가 불의의 교통사고로 죽었다. 살던 집 지하실에서 방치됐던 체인 파이프 절단기가 흘러 흘러 청계천에 왔다. 내 장사꾼 본능인 촉이 발동했다. '내가 체인 커터를 팔아보겠다.'고 욕심이 났다.

청계천에서 독점은 목돈이 아니면 악성재고다.

부르는 게 값이 되고 제 가격을 받으려면 목돈을 들여 한꺼번에 40개이든 100개이든 다 산다. 그래서 독점을 하면 마진이 크다. 1995년이었으니 25년 전이다. 당시 거금을 주고 덥석 샀다. 그 당시 그 돈을 종자돈으로 해서 아파트나 땅을 대출받아 샀다면 지금 내 인생은 바뀌었을까? 스웨덴제 체인 절단기는 무게가 18kg 나간다. 25년에 걸쳐서 39개를 팔았고 이제 재고는 한 개다. 이처럼 특수공구는 항상 한 개가 재고로 남는다. 주인에 대한 충성심으로 끝까지 남아 주인과 운명을 같이 한다.

마지막까지 한 개가 남는 특수공구는 청계천 진돗개 일지도 모른다.

체인 절단기를 팔 욕심이 컸다. 청계천 2가에서 산림동 끝까지 어깨에 체인 절단기를 척 걸치고 공구거리를 돌았다. 체인 끝이 날카로워 어깨살을 파고 든다. 그 무거운 절단기를 한쪽 어깨에 짊어지고 공구거리를 돈다. 20년이 넘게 가게를 철거로 비울

때까지 계절마다 그렇게 청계천을 누볐다. 가게마다 들어가 공구가게 사장, 직원에게 사용법을 알려준다.

"이 절단기는 쇠파이프를 자르는 겁니다."
"돌리면 파고 들어가 절단합니다."
"불꽃이 튀면 안 되는 특수한 현장에서 사용하는 겁니다."

**

남들이 놀 때 다 놀면 어찌 돈을 버는가? 일요일에도 꿀벌처럼 매상을 올렸다. 월요일 아침에 옆 공구가게와 똑같이 매상을 시작하는 게 아니라 일요일 매상 20% 먼저 올리고 여유 있게 월요일을 시작했다. 이게 내 인생의 자랑꺼리 1호다.

없는 게 없는 공구가게는 어떻게 탄생하는가? 바로 '나까마'다. 공구가게 중에 부득이하게 부도가 날 경우가 있다. '나까마'는 물건을 구입할 때 전부 몽땅 산다. 리스트도 없고 정리도 안한다. 보이지도 않는 박스에 넣어놓고 판다. 물론 대충 볼 수 있지만 정확히 들여다 볼 수는 없다. 전부 다 뜯어본다고 해도 정확한 가격이 나올 수 없다. 그냥 대충 가격 매기고 상인 입장에선 남에게 뺏길까봐 후다닥 사는 것이다. 개 중엔 특수공구도 나오고, 귀한 제품이 들어 있기도 했다. 망가진 물건이 나오더라도 어쩔 수 없다.

누구라도 늙거나 몹쓸 병에 걸려 공구가게를 접게 되면 '나까마'에게 덤핑 가격으로 팔아야 한다.

창고 2개, 매장 2개에 가득히 쟁여놓은 물건들은 덤핑 쳐서 한꺼번에 팔면 오천만원 정도 받는다. 죽을 때까지 팔면 7억 정도인데 덤핑으로 넘기면 오천만원을 받고 넘겨야 한다. 처분할 때는 고물 값보다 조금 더 쳐주는 공구를 돈만 생기면 닥치는 대로 사들였다.

솔직히 경기가 좋을 때 큰돈을 많이 만졌다. 한 눈 팔지 않고 평생 동안 죽어라 번 돈을 공구 사는 것에 모조리 쏟아 부었다.

특수공구, 기계 공구를 그만큼 사랑했다. 선일공구를 가면 없는 게 없다. 이것이 바로 내 인생의 자랑거리 2호다.

청계천은 탱크를 만들었다.
진짜 탱크를 만든 것이 아니라 청계천 있는 부품과 기계로 진짜 탱크를 만들 정도로 청계천은 잘 돌아갔다.
이제 청계천 탱크는 영영 볼 수 없는가?
철거로 흩어진 슬픔은 파주로, 문래동으로, 안산으로 방향을 바꾸었다.
한 개피 성냥으로 남겨진 최후의 불꽃
나는 여전히 젊고 땀 흘려 일하고 싶다.
이 세상에는 질 줄 알면서도 싸워야 할 상대가 있는 법이다.

중구청까지 대체부지를 요구하며 생존권 투쟁 집회를 하던 날

내 앞을 걸어가던 공구상가 사장님의 옷차림이 평소와 달라서 고개를 갸웃갸웃 했다.
바지 주름에 확실히 각이 잡혀 있었고 입성이 좋았던 최수철 사장과 두런두런 대화를 나누었다.

"집사람이 마흔이 넘었고, 만삭이라 집회를 며칠 못 나올 것 같습니다."

의문이 풀렸다. 산업용 전동 기계를 파는 서울건설기계 최수철 사장 댁에 경사가 났다.
2018년 9월 3일 청계천 복덩이가 태어난 것이다.
최수철 사장은 기계수리 기술자 출신이다.
고교 졸업 후 군대를 다녀 온 기간 빼고, 이십 년 넘게 청계천에서 번 돈으로 집을 사고 아들을 낳고 가게를 창업했다. 안 먹고 안 입고 뼈 빠지게 번 돈으로 전세방을 얻었을 때, 최수철 사장은 세상 모든 것 얻은 것 마냥 행복했다.
그 전세집이 경매로 넘어갔다. 자신의 무지로 확정

일자를 받지 않아 법적인 보호를 받지 못했다. 한 살이라도 젊었을 때 비싼 인생 수업료를 내고, 인생 공부한 셈치고 툭툭 털고 일에 열중했다.
오랜 기간 남의 가게에서 수리기사 겸 판매원을 하다가 첫 장만한 가게에서 사장이 되었다. 본사에서 고가의 발전기, 건설 장비를 여신 받았다.
청계천에서 여신을 받았다는 의미는 대단한 신용의 상징이다.
고가의 장비를 선지급 받고 1년 후에 대금을 치루는 방식이다. 정확히 1년 후, 약 1억원 가량을 다 갚았다. 1억의 여신을 1년 동안 갚으면서 말 그대로 똥줄이 탔다.
사장이란 직함은 다달이 직원 월급, 가게 월세, 각종 세금 납부, 집 생활비를 정해진 날짜에 지급해야 하는 자리인 탓이다. 그렇게 열심히 살았다.
소중한 사업장이 어느 날 갑자기 철거되고 아파트가 들어선다고 나가 달라고 한다.
2018년 3월에 모여 청계천 3-1, 4, 5구역 사람들은 갑작스럽게 세입자 대책을 의논했다.
그리고 그 해 11월에 마지막 남은 이 십여 명이 모두 도장을 찍었다. 속전속결로 무너졌다.

무너지지 않으려고 얼마나 결사항전을 했던가?
비가 쏟아지면 우비를 입고 생존권 투쟁을 했다.
폭염은 또 어떠했는가?
시청광장으로 행진하며 생존권 투쟁을 했다.
매주 월요일과 금요일마다 중구청, 세운교에서 생존권 투쟁 집회를 했다. 주 6일을 근무하면서 청와대 앞 1인 시위를 돌아가며 했다.
최수철 사장은 말한다.
"우리가 언제 많은 보상을 원한 적이 있었나요? 대체부지 마련해주고 맘놓고 장사할 수 있도록 해주면 보상 같은 거 바라지도 않습니다."
최수철 사장은 7개월 이상 생존권 투쟁하면서 가게를 운영했다.

목표를 달성하면 남들처럼 생업에 종사하면서 지금 이야기를 웃으며 할 때가 올 것이라 믿었던 거다.

집회란 단어도 모르고 살았던 청계천 공구상가, 정밀기계 세입자들은 난생 처음 피켓 들고 행진했다. 크게 구호를 외치며 징과 꽹과리를 쳤다. 그때는 창피한 것도 몰랐고, 사람들이 청계천의 위기를 알아

주기 바랬다.

몇날 며칠을 불면에 시달리고 술에도 의지했다. 도장을 찍고 새 가게로 이전해야 하는데 보증금과 월세, 권리금까지 턱없이 올랐다. 입안이 바짝바짝 타 내려갔다. 결국 빚을 내고 웃돈 권리금까지 얹어 이전했다. 이전한 새 일터에서 만난 최수철 사장은 복덩이 아들 사진을 보여주며 웃는다.

아빠가 머리에 띠 두르고 세입자 권리를 주장하며 투쟁할 때 태어난 청계천 복덩이. 최수철 사장은 굳게 믿는다.

칠십 년 역사의 청계천 공구상가 거리가 이렇게 무

너지진 않는다.

나는 젊은 아빠다. 청계천 복덩이의 앙다문 입술과

불끈 쥔 두 주먹은 청계천의 희망이다.

아빠는 너희 엄마, 아들 둘이 전부인 사람

뼛속까지 청계천 사람인 아빠는 우리 네 식구

청계천 보금자리를 끝까지 지킬거야.

갓 태어난 우리 아기야. 작은 몸으로 아빠 곁 지키

고 큰 힘을 주는구나.

아빠는 청계천에서 돈 많이 벌어

우리 아기 맛있는 거 많이 사줄게.

평안상사의 전신인 평안상회의 주인은 고 홍경주사장이다. 한국전쟁 1.4 후퇴 당시 평안도에서 주먹하나 쥐고 월남했다. 평안도에서 방앗간을 운영한 덕분에 기계나 공구를 잘 다룰 줄 알았다.

1950년대는 변변한 건물이나 상가가 없었고 전쟁 통에 대부분 좌판에서 노점상을 했다. 당시에는 통금이 있었다. 고 홍경주사장은 4시 30분 통금이 해제되면 바로 리어카를 끌고 나갔다. 노점의 목 좋은 자리는 그날그날 먼저 선점하는 사람이 임자다. 당시에는 물자가 희귀해서 미군부대에서 나온 중고기계나 부속을 닦고 수리해서 팔았다.

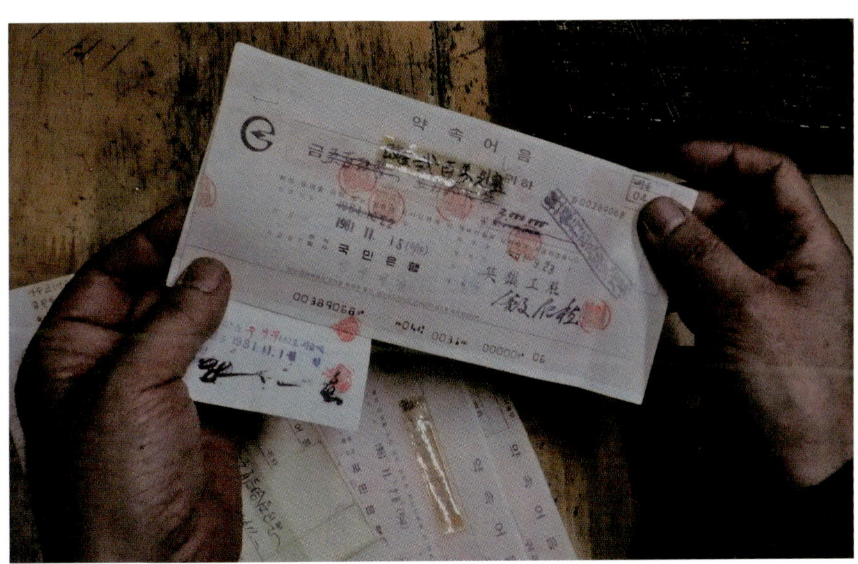

고 홍경주사장은 1958년 평안상사가 있던 자리에 철물점을 개업했다. 상호명은 평안상회였다. 1965년 영업하던 자리에 4층 건물인 동양빌딩이 신축되었고, 그 자리를 세내어 평안상회를 이어갔다. 건물주는 당시 그 건물에서 한약 자재 도매상을 했다. 6.25 한국전쟁 이후 변변한 빌딩이 없던 시절, 청계천 관수교 사거리를 빛내던 4층 건물은 많은 이의 눈길을 끌었다. 당시 평안상회는 최고의 공구상가 위치였고 전국을 상대하는 도 소매점이었다.

'평안상회는 돌멩이를 가져다 놓아도 팔린다.' 쑤근쑤근 거릴 정도였다.

평안상회직원들은 5분이라도 전화 혹은 방문 주문이 없으면 불경기를 의심했을 정도였다.

1996년 연로하신 아버지의 부름을 외면할 수 없었던 홍성철씨는 평안상사 대표가 되었다. 돌이켜보면 아버지가 주신 지극한 사랑에 대한 책임감으로 2019년 1월까지 평안상사 대표로 2대째 60년간 한 자리를 지켰다.

2대가 60년 장사한 평안상사는 내 자식이다.

어떤 날은 아들같은 든든한 내 새끼
어떤 날은 딸같이 살가운 내 새끼
60년 만에 영업종료를 알리는 A4지 붙이고 자꾸 종
이를 뒤돌아서서 자식을 만지듯이 어루만진다.

자식을 고아원으로 보내는 마음이 이러할까?
애비만 살겠다고 열차를 혼자 탄 마음이 이러할까?
생떼같은 자식을 사지에 버리는 마음이 이러할까?
누런 가림막을 치고 포크레인이 가게를 찍어 누른다.
뼛가루 닮은 분진에 앞이 보이질 않는다.
철거용역은 쉬지 않고 물을 뿌려댄다. 눈물 난다.

젖은 우동

어려서 봤던 만화 속 주인공은 곤경에 처하면 용감하게 맞선다.

난 어려서부터 맞서지는 못 했지만 투정을 부리거나 투덜대진 않았다.

나의 영혼이 처음 시작된 곳은 용산이다. 용산전자상가 자리는 본래 용산 중앙시장이다. 큰 시장인 용산 중앙시장 자릿세가 비싸 울 엄마는 용문시장에서 터를 잡았다.

용문시장 우물가에서 시작된 나의 영혼은 어느덧 감정보다 이성이 지배하는 중년이 되었다.

어린 시절은 젖은 우동과 용돈벌이로 귀결된다.

그 시절의 기억은 내 딸의 재롱을 볼 때 갖게 되는 감정과 동일하다.

새벽 4시마다 엄마는 강 건너 노량진 수산시장에 가서 해산물을 떼어왔다. 동네시장에서 바지락, 꽃게, 해삼, 멍게, 굴을 밤10시까지 팔았다. 엄마는 남김없이 다 팔아야 집에 왔다.

아버지는 유리가게를 했다. 장사수완이 없다. 팔아도 이문은커녕 사람이 좋아 밑지고 팔았다. 아버지의 외상값은 점점 쌓였고 떼인 돈도 점점 많아졌다. 엄마의 생활력은 점점 커져갔다.
엄마는 일제강점기에 지어진 오래된 집을 1982년에 샀다. 안방이 운동장만큼 컸다. 아궁이는 연탄 대신 나무를 때야 했다. 어려서부터 집안일은 형과 내 차지다. 장작은 시장 생선궤짝이다. 생선궤짝 네 모서리를 발로 차면 뽀개진다. 비릿한 생선기름 덕지덕지한 땔감은 화력이 좋다. 하루도 거르지 않고 생선궤짝을 주우러 다녔다.
엄마는 새벽마다 시장 일을 했고 세끼 밥을 챙기는 것은 우리 형제 몫이다. 초등학생 시절에 형, 나, 온 가족은 아침밥을 뚝딱뚝딱 해먹고 도시락을 쌌다. 저녁밥은 끼니때마다 시장 통 국수공장에서 젖은 우동을 샀다. 우동기계에서 뽑은 직후라서 반죽이 굳지 않았다.

젖은 우동은 꼬들꼬들 쫄깃한 우동 본연의 맛이 없고, 끓이면 밀가루 반죽 맛이 난다.

젖은 우동은 건조시키는 품이 들지 않아 정상적으로 유통되는 우동보다 쌌고 양이 많다. 날마다 젖은 우동을 끓였고 설거지는 끝이 없다.

해가 지고 어둠이 밀려드는 추운 겨울밤에 일제강점기에 지어진 우리 집 적산가옥 안방에는 사남매가 코를 골며 뒤엉켜 잔다. 아궁이에선 나무궤짝 생선기름이 소리를 낸다. 엄마는 씻지 않고 돈 계산도 하지 않고 노곤함에 깊은 잠이 든다. 살금살금 엄마 전대에서 동전을 몇 개 빼내어 알사탕이나 라면땅을 사먹었다. 그때는 다 그렇게 간식벌이를 했다.

깊은 밤, 말을 할 수 없는 고요함 속에 고된 하루가 끝난다. 재잘대는 새소리가 여명을 알린다. 아침이 시작되면 엄마는 노량진 시장으로 도매 떼러 간다. 졸린 눈을 비비며 형과 나는 밥을 짓는다. 일 나간 엄마 빼고 온가족이 둘러앉아 아침밥을 먹는다.

지독하게 내성적인 아이였던 나는 날마다 배가 고팠다. 과자라도 사먹으려면 고철 줍기 용돈벌이를 해야 했다. 고철을 줍다가 영수증을 주웠다.

당시 우리나라는 영수증 주고받기 정찰제 판매가 정부시책이었던 적이 있다. 영수증을 종이에 붙여 은행에 가져다주면 1%를 현금으로 돌려줬다. 그 옛날 은행원 월급이 칠 팔만 원 하던 시절, 오천 원 벌이가 되는 용돈벌이가 얼마나 좋았던지 모른다. 한

군데 은행만 다니면 의심을 받았다. 서울역부터 청계천, 종로, 용산, 노량진 일대 은행을 번갈아 다니며 영수증을 가져다주고 돈을 받았다. 처음에는 어린 학생이니 평화시장 장사꾼 아줌마들이 거저 줬다. 하지만 사람들도 영수증을 모아 은행을 가면 돈이 된다는 걸 알았다.

얻을 수 없으면 뒤져라.

어쩔 수 없이 고철마냥 쓰레기통을 뒤졌다. 공부는 뒷전이다. 학교 공부는 답이 정해져 있다. 하면 되고 안하면 점점 못한다. 난 용돈벌이에 골몰했고 매일 학교에서 장딴지를 맞았다. 시퍼런 피멍을 달고 살았다.

어려서부터 생선궤짝을 주웠다.
생선궤짝을 발로 패서 장작을 땠다.
어린 내가 삼시세끼 밥을 했다.

저녁은 으레 젖은 우동이다.
뒤 돌아 서면 허기졌던 십대 시절

집안일 하랴 용돈 벌이하랴.
공부 못한다고 징글징글하게 맞았다.

고등학교 2학년 때 홍역을 앓았다.
앓고 난 후 키가 갑자기 컸다.
다 큰 장정은 청계천에서 일을 배웠다.

작가의 말

인터뷰어 정성을 쏟아서 다큐멘터리 사진작업을 하면 누가 얼마나 알아 줍니까?

안미경 인정받으려고 하는 일이 아닙니다.

인터뷰어 그럼 뭐가 좋아서 시간만 나면 현장을 찾아가 몰두하는 것입니까?

안미경 다큐멘터리 사진작업은 세상이 알아주건 말건 신념의 길을 멈추지 않고 뚜벅뚜벅 가는 일입니다. 게다가 반응이 없는 것이 아닙니다.

제 사진과 글을 보고 힘을 낸 청계천 사람들이 제게로 와서 환한 미소를 지으며 악수를 청합니다.

인터뷰어 설마 세상 하늘 아래 새로운 사진이 있다고 믿는 것입니까? 인물 중심 다큐멘터리 사진, 재개발 사진, 청계천 기록 사진… 안 작가님이 아니래도 많이 찍지 않았습니까?

안미경 남이 찍었던 걸 제가 찍는 일을 저는 두려워하지 않습니다.

무엇을 찍느냐는 그리 중요하지 않습니다.

사진 속에 무엇을 담았는가? 저는 이것이 중요합니다.

저는 다큐멘터리 사진 속에 제가 생각하는 바를 담고 있습니다.

그리고 끊임없이 고민합니다.

다큐멘터리 사진작업은 사진을 남기는 일보다 생면부지의 사람을 알게 되고 '사람'을 남기는 일입니다.

재개발 철거를 옹호하는 사람은 결국 자본과 권력이 있는 사람들입니다. 그들이 고용한 법무법인은 영리추구를 위해 법적논리와 언론보도자료를 세련되게 내놓습니다. 하지만 그들에 비해 사회적 약자이고 영세한 세입자들은 바로 눈 앞에서 삶의 터전, 생존권이 빼앗기고 무너져도 속수무책으로 당하는 것이 현실입니다.

이 세상에 남의 돈을 버는 일은 결코 쉽지 않습니다.
그런데 재개발 철거란 거대한 수레바퀴 밑에서 짓눌린 청계천 사람들을 바라보는 시선은 곱지 않습니다.

당신들만 힘드냐?
나는 더 힘들고 매일매일이 고통이다.

재개발 철거로 사지가 찢기는 듯한 고통을 겪은 세입자의 고통을 공감하는 일은 매우 어려운 일입니다.
하지만 세상을 바꾸는 일 또한 깨어있는 사람들의 조직된 힘입니다.

청계천은 혼자가 아니라 시민과 함께 하고 싶습니다.

Artist's Statement

There is only one reason for which I take pictures of Cheonggyecheon.

Interviewer Who recognizes your documentary photographic works of your great effort? To what extent do they recognize them?

Ahn I am not doing this to gain recognition.

Interviewer Then what makes you keep visiting the site and immersed in this work?

Ahn My documentary photographic work is taking a constant walk of belief regardless of recognition of the world. In fact, It is not absent from reaction either. People of Cheonggyecheon, encouraged by my photography and articles come to me with a big smile and extend their hands for a handshake.

Interviewer Do you try to say that you believe that there is new photography under the sun? There are countless character-driven documentary photography, photographs of redevelopment and documentary photography of Cheonggyecheon··· Don't you think people take endless pictures besides you?

Ahn I am not afraid of taking the same pictures, which have been already taken by others.

What pictures to take does not really matter.

What matters for me is what to express through the pictures. I express what I think through documentary photography and I never stop pondering over what to express. Documentary photographic work is what makes know complete strangers and record "people" rather than just recording or leaving photography.

Those who support redevelopment demolition are the ones who have capital and power. The law firms hired by them present legal logics and press release in a sophisticated manner for seeking profits. However, tenants who are socially disadvantaged are deprived of their life nest and right to live before their very eyes and collapse, but are treated in the unfair and helpless way.

It is never easy for anyone to make money.
Under the huge wheel called "redevelopment demolition," the way the world look at people of Cheonggyecheon is cynical though.

"Are you the only one in trouble?
I am suffering more than you and every day is just backbreaking."

It is very difficult to sympathize with mental anguish of tenants suffering from redevelopment demolition. However, changing the world is also organized power of people who are awake.

Cheonggyecheon wants to be with citizens and not alone.

We hope you can join us.

쇠밥

자동차가 나타나서 마부가 사라졌고, 인공지능 및 3D프린터가 나타나서 숙련공이 사라지고 있다. 철기문명을 기반으로 한 철기계 절삭가공방식이 디지털문명을 기반으로 한 3D 프린터 기술의 적층가공 방식으로 문명 '대전환' 시대가 왔다.

A farewell to steel-cutter

Cars replaced the horsemen, artificial intelligence and 3D printing are replacing craftsmen. The steel cutters of the iron age are becoming relics of the past in today's world of 3D printing technology and layer-by-layer construction. In this age of 'paradigmic shift' in civilization.

안미경 사진시집

청계천 탱크

초판 1쇄 발행 / 2019년 9월 30일

지은이 / 안미경
펴낸이 / 윤미경
펴낸곳 / 도서출판 다인아트
출판등록 1996년 3월 8일 제87호
인천광역시 중구 개항로14 2F
tel. 032+431+0268 / fax. 032+431+0269
e-mail. dainartbook@naver.com
마케팅 / 이승희
디자인 / 장윤미
인쇄·제본 / 신우인쇄

ISBN 978-89-6750-077-1 (03660)

이 도서의 국립중앙도서관 출판예정도서목록(CIP)은 서지정보유통지원시스템 홈페이지(http://seoji.nl.go.kr)와 국가자료종합목록시스템(http://www.nl.go.kr/kolisnet)에서 이용하실 수 있습니다. (CIP제어번호 : CIP2019037886)